LETTRE

A

MESSIEURS LES DÉPUTÉS

AU

CORPS LÉGISLATIF

PARIS

IMPRIMERIE CENTRALE DES CHEMINS DE FER

A. CHAIX & Cie

Rue Bergère, 20, près du boulevard Montmartre

1867

A MESSIEURS LES DÉPUTÉS

AU CORPS LÉGISLATIF

MESSIEURS .

Le Corps législatif, dans sa séance du 23 juillet dernier, a entendu le développement d'une proposition de M. Berryer, relative à l'exécution du contrat passé entre S. Exc. M. le Ministre des finances et moi le 28 septembre 1865, au sujet de l'aliénation des obligations mexicaines dont le Trésor était propriétaire en vertu des stipulations du traité de Miramar.

J'ai vivement regretté de ne pouvoir répondre immédiatement aux attaques qui se sont produites à cette occasion.

Mais l'incident n'avait été soulevé qu'à la dernière heure de la session, au moment même où vous. alliez vous séparer, et il ne m'a paru ni convenable ni opportun de livrer au public, en votre absence, les explications que j'avais à vous présenter.

Aujourd'hui que vous êtes réunis de nouveau, je crois devoir aux honorables maisons de banque dont j'ai été le mandataire dans cette circonstance, je me dois à moi-même de ne pas laisser s'égarer l'opinion publique dans de fausses interprétations, et de rétablir devant vous, Messieurs les Députés, la vérité des faits.

Le 28 septembre 1865, après une négociation plusieurs fois interrompue et plusieurs fois reprise, je signai avec S. Exc. M. le Ministre des finances, tant en mon nom personnel qu'au nom de diverses maisons de banque françaises et étrangères, un traité par lequel je me rendais acquéreur, sous certaines réserves, des obligations dont le Trésor était devenu propriétaire en vertu du traité de Miramar.

La principale de ces réserves était stipulée, en ces termes, dans une lettre que j'adressai, avant la signature du traité, à M. le Ministre des finances et à laquelle il a immédiatement donné son adhésion :
« En cas de force majeure, c'est-à-dire si le gouvernement mexicain
» était renversé par une guerre ou par une révolution, le contrat serait
» résilié de plein droit, sans indemnité pour la partie restant à
» exécuter. »

Cette lettre, annexée au traité dont elle était le complément nécessaire, paraît avoir suscité chez l'honorable M. Berryer une surprise qui ressemble à de l'indignation : il la dénonce en termes véhéments, comme un acte inouï et condamnable. « *C'est*, dit-il, *un document d'une nature toute nouvelle, l'acte le plus irrégulier, dont la nullité serait certainement prononcée devant un tribunal quelconque : — une contre-lettre antérieure au contrat lui-même, un acte secret, qui a pu venir mettre à l'abri de tout péril, en cas de pertes, le banquier qui a traité et qui verra alors son marché résilié, tandis que les porteurs d'obligations, les souscripteurs, les acquéreurs des obligations mexicaines courront toutes les chances.* »

De pareilles attaques sont en vérité incompréhensibles !

La plus simple prudence ne me commandait-elle pas, en effet, de réserver dans le contrat à intervenir les cas de force majeure qui seraient de nature à anéantir la chose vendue, en ruinant le débiteur? Comment peut-on voir dans la lettre spéciale qui stipule cette prévision

une contre-lettre, un acte secret susceptible d'être annulé par les tribunaux? Un acte secret et pour qui? Ce n'est assurément pas pour
l'Etat, puisque M. le Ministre des finances, qui traitait en son nom, a
donné sa complète adhésion aux conditions éventuelles qu'il exprimait.
Pour qui donc alors était-il secret? En dehors des deux parties con-
tractantes, l'Etat qui vendait sa chose et le banquier qui l'achetait,
personne n'avait à connaître du contrat : il n'y avait que votre Commission des finances, auprès de laquelle toutes les communications et
justifications nécessaires devaient être et ont été faites, en temps utile.
Où se trouve donc la dissimulation que M. Berryer reproche au
contrat? .

Quelles stipulations, d'ailleurs, contient ce document si durement
qualifié? Une clause essentielle, sans laquelle le contrat lui-même n'aurait
pas été signé. Cette clause portait qu'en cas de force majeure, comme
le renversement de l'Empire mexicain par une guerre ou par une révolution, le contrat serait résolu de plein droit pour la partie restant à
exécuter.

De bonne foi, est-ce là une clause répréhensible et qui serait brisée
devant un tribunal quelconque? Non-seulement elle n'a rien d'illicite, rien
que puisse blâmer la morale la plus rigoureuse, mais encore elle est
de droit dans tous les contrats passés avec les gouvernements, et, même
en l'absence de toute stipulation expresse, les tribunaux sont toujours
disposés à l'admettre et à l'appliquer dans leurs jugements.

Supposons qu'au mois de juin 1865, lorsque les premiers preneurs
d'obligations mexicaines n'avaient encore fait qu'un seul versement, on
eût appris soudainement l'abandon et le renversement de Maximilien :
est-ce que le contrat qui liait alors les souscripteurs n'aurait pas été
résilié de plein droit? est-ce qu'un seul tribunal aurait condamné les
souscripteurs à compléter leurs versements pour l'achat d'une rente qui
n'existait plus?

L'erreur dans laquelle est tombé l'honorable M. Berryer provient de
l'interprétation erronée qu'il a donnée à la clause résolutoire du contrat. Il y a vu une convention léonine, ayant pour objet de mettre à

2

l'abri de tout péril, en cas de pertes, les banquiers contractants, alors que les souscripteurs, les acquéreurs d'obligations mexicaines cour. raient toutes les chances.

Tout cela est contraire à la lettre comme à l'esprit de la convention. Les banquiers n'ont jamais eu la pensée de se mettre à l'abri des chances défavorables que pouvait présenter l'exécution loyale de leur traité : et la preuve, c'est qu'ils ont pris livraison des titres du Trésor, malgré les pertes qui leur incombaient, tant qu'il leur a été possible et tant qu'ila été possible au Gouvernement lui-même de croire à la durée du gouvernement mexicain, et qu'en définitive ils sont restés détenteurs d'une grande quantité de ces titres (environ 60,000).

Mais en traitant avec le Ministre des finances d'une créance placée sous la sauvegarde du Gouvernement français, ils auraient agi bien imprudemment si, avant d'entamer une opération de nature à se prolonger pendant dix-huit mois, ils ne s'étaient mis en garde contre un événement fortuit, pouvant, malgré la volonté et les efforts du Gouvernement français, renverser l'empire mexicain, jeter un trouble profond dans le cours des obligations mexicaines, et rendre impossible, n'importe à quel prix, toute vente de ces valeurs.

En un mot, la clause résolutoire se rapportait non pas aux chances de perte ou de gain inhérentes aux mouvements de la Bourse, mais elle touchait à l'existence du débiteur, et par suite à l'existence des titres eux-mêmes. On convenait que le contrat serait résilié de plein droit si, au lieu des titres de rente qu'il vendait, le Gouvernement n'avait plus à fournir qu'un papier mort et improductif. Quoi de plus naturel et de plus juste?

Ceci m'amène à dire dans quel ordre d'idées se sont placés les banquiers qui ont pris part aux opérations financières concernant le Mexique et à établir le vrai caractère de l'obligation mexicaine.

Certes, avant l'intervention française, pas un banquier d'Europe n'ignorait que le crédit du Mexique fût le plus décrié du monde, et il est incontestable que ce pays, abandonné à lui-même, n'aurait pas obtenu la plus faible somme par voie d'emprunt. Comment se fait-il que tout à coup un groupe nombreux de banquiers et de capitalistes, comprenant des maisons de premier ordre, aussi expérimentés qu'honorables, se montrent disposés à réaliser un emprunt, à s'y engager pour des sommes très-fortes? Pourquoi voit-on le public, dans la seconde émission surtout, celle d'avril 1865, s'associer à l'opération avec une ardeur exceptionnelle?

C'est que la France, par le fait du traité de Miramar, a pris dans les affaires mexicaines une situation qui en a changé tous les aspects.

Qu'est-ce, en définitive, que les emprunts mexicains?

Le traité de Miramar renferme trois dispositions essentielles.

L'archiduc Maximilien acceptera la couronne du Mexique qui lui est offerte.

L'armée française lui prêtera l'appui de ses armes pendant tout le temps nécessaire pour constituer et asseoir le nouvel Empire.

Il sera fait un emprunt et la France prendra en paiement de ses dettes sur le Mexique une partie importante des titres à émettre.

Ces trois résolutions sont solidaires et se lient étroitement entre elles. Séparez-les, que l'une d'elles ne reçoive pas son exécution, les deux autres tombent d'elles-mêmes; la combinaison avorte; l'Empire mexicain n'existe plus. Or, c'est en vertu de cette triple convention, que les deux gouvernements, le Gouvernement français et le Gouvernement mexicain, vont faire appel aux capitaux.

La première émission de rentes en 1864, celle qu'on a appelée l'emprunt anglo-français, ne réussit pas complétement. Le mode d'intervention employé par le Gouvernement dans cette opération n'était pas assez nettement accusé; il y manquait d'ailleurs pour le public les manifestations législatives. Au mois d'avril 1865, ainsi que le déclarait au Corps législatif M. le ministre d'État, *de nouvelles ressources étaient indispensables pour compléter l'œuvre de la conquête.* Un second emprunt fut résolu. On considérait comme très-important d'en assurer le succès. Il fallait pour cela mettre plus nettement en relief, et de manière à frapper vivement l'opinion, la nature et l'étendue du concours que le Gouvernement français s'était obligé, par le traité de Miramar, à prêter au nouvel Empire mexicain, et en même temps faire connaître au public les ressources que pouvait présenter cet Empire dont l'organisation et la consolidation étaient l'œuvre promise par la France à ceux qui consentiraient à lui prêter leurs capitaux. De là, le brillant exposé de M. Corta et les déclarations irrésistibles de M. le Ministre d'État dans les séances du 10 et du 11 avril 1865.

Le Gouvernement français venait de manifester, par son principal organe, qu'il avait entrepris la régénération politique, administrative et financière du Mexique; il affirmait sa volonté par des sacrifices de tout genre; il proclamait presque officiellement que l'Empire mexicain possédait des ressources exceptionnelles et que *les capitalistes français pouvaient lui confier leur argent en toute assurance.* Comment supposer, en présence de telles déclarations et de tel actes, qu'une entreprise si hautement patronnée, si énergiquement soutenue, doive aboutir à une déception ruineuse? En cela, le sentiment des banquiers se trouva d'accord avec l'impression qui dominait dans le public, et la seule condition qu'ils missent à leur concours, le seul genre de garantie qu'ils crussent devoir invoquer, c'était que le Gouvernement français renouvellerait solennellement sa promesse de ne pas rappeler ses troupes du Mexique avant que Maximilien ne fût affermi sur son trône et en mesure de satisfaire les créanciers de son Empire.

Cette condition, je l'affirme ici, a été le principe de toutes les négociations auxquelles les emprunts de 1865 ont donné lieu, et les banquiers contractants ont considéré comm eun engagement d'honneur, pris au nom du Gouvernement, ces paroles par lesquelles M. Rouher a terminé son mémorable discours du 11 avril 1865, paroles qui ont été accueillies, dit le *Moniteur*, par des applaudissements et confirmées aussitôt par un vote presque unanime : « Le but doit être atteint; la pacification doit » être complète... L'armée française ne doit revenir sur nos rivages » que son œuvre accomplie et triomphante des résistances qu'elle aura » rencontrées. »

Voilà le contrat : c'est sur ces bases que le public a souscrit avec entraînement les obligations mexicaines de 1865. Eh bien ! quatre mois plus tard, c'est encore sur les mêmes bases que les banquiers vont traiter avec le Ministre des finances de la cession des titres représentant la créance du Trésor sur le Mexique. Cette condition de soutenir le nouvel établissement jusqu'à ce que les capitaux engagés au Mexique soient pleinement sauvegardés était tellement inhérente à l'obligation mexicaine, que les contractants de septembre 1865 ont cru pouvoir se dispenser de la consigner dans leur contrat. Dans leur pensée, comme dans celle du Ministre, cette condition, garantie essentielle de tous les preneurs d'obligations, était un droit acquis, dérivant de la nature des choses comme de tous les engagements antérieurs.

Si un cas de force majeure a été réservé dans le document annexé au traité, il se rapportait, dans l'opinion du syndicat, à des éventualités malheureuses par lesquelles la volonté du Gouvernement français aurait pu être dominée, telles qu'un soulèvement intérieur ou une guerre avec les États-Unis, emportant le trône édifié et protégé par la France. Quant à l'abandon volontaire de Maximilien, résultant d'un changement politique à son égard, quant au rappel prématuré de nos troupes, entraînant la ruine complète de la créance vendue par le Trésor, la possibilité d'une telle hypothèse ne pouvait pas même entrer dans les esprits. Le syndicat des banquiers eût-il soulevé de pareilles prévisions, le Gouvernement n'aurait certes pas permis qu'elles donnassent lieu à une stipulation. Était-il nécessaire, d'ailleurs, d'exprimer une éventualité qui eût emporté de plein droit la résiliation, puisqu'elle était le renversement radical du contrat lui-même ?

Je viens de dire dans quel esprit a été conçu et loyalement accepté de part et d'autre le traité du 28 septembre 1865 ; voyons maintenant de quelle manière il a été exécuté et comment la force majeure s'est produite.

Ainsi qu'il ressort du traité, M. le Ministre des finances, détenteur de 174,603 obligations mexicaines appartenant pour 142,857 au Trésor et pour 31,746 aux indemnitaires, a vendu ces titres au prix ferme de 300 francs et par livraisons mensuelles pouvant être réparties sur douze ou sur dix-huit mois, au gré des acheteurs.

Le premier terme de livraison de ces mensualités fut fixé au 7 novembre. Depuis cette époque jusqu'au mois de janvier 1866, les circonstances étant en apparence les mêmes que celles en vue desquelles on avait traité, les banquiers exécutèrent ponctuellement leurs engagements. Ils ignoraient en effet alors les graves événements qui s'étaient passés au Mexique et dont le Gouvernement, qui en était instruit, n'avait pas cru devoir donner connaissance au public. Ils ignoraient que, vers la fin de 1865, des soulèvements avaient éclaté sur tous les points du territoire mexicain et que la résistance des partis dissidents devenait de jour en jour plus énergique ; qu'enfin les États-Unis protestaient, dans un langage impérieux, contre l'intervention armée de la France.

Bien que ces faits ne fussent pas encore connus, l'opinion publique commençait cependant déjà à s'émouvoir et l'on s'entretenait avec inquiétude d'une mission qui devait être confiée au baron Saillard tendant à régler les conditions d'une évacuation des troupes françaises du Mexique.

Le 23 janvier, eut lieu l'ouverture de la session du Corps législatif. L'Empereur, dans son discours, annonçait bien, comme une éventualité probable, le retour des troupes, mais en des termes qui n'avaient encore rien de très-alarmant pour les divers intérêts engagés dans la question mexicaine. Je cite ses paroles : « Au Mexique, le gouvernement fondé » par la volonté du peuple se consolide... Je m'entends avec l'empereur » Maximilien pour fixer l'époque du rappel de nos troupes, afin que leur » retour s'effectue sans compromettre les intérêts français que nous » avons été défendre dans ce pays lointain. » Le Corps législatif, dans sa réponse au discours impérial, confirmait ces assurances en disant : « Vouloir subordonner le rappel des troupes à d'autres convenances que » les nôtres, serait porter atteinte à nos droits et à notre honneur. »

Toutefois ces déclarations n'étaient pas interprétées partout d'une manière rassurante ; elles eurent pour effet de faire baisser les fonds mexicains au dessous de 300 fr., et de rendre à peu près impossible au syndicat des banquiers la vente des obligations dont ils prenaient livraison au Trésor, au commencement de chaque mois.

Vint un peu plus tard la discussion de l'Adresse. M. le Ministre d'Etat déclara au Corps législatif que des documents importants, concernant le Mexique, étaient attendus, et il demanda que le débat fût ajourné jusqu'à la discussion sur le budget rectificatif. Il devenait évident pour tout le monde que les affaires mexicaines prenaient une tournure fâcheuse, et suscitaient au sein du Gouvernement une certaine anxiété. Ce qui se passait alors, on ne l'a appris que beaucoup plus tard, lorsque furent distribuées au Corps législatif deux dépêches de M. Drouyn de Lhuys, adressées à M. Dano, ministre de France au Mexique. Ces documents, qui portent la date des 14 et 15 janvier 1866, montrent que dès la fin de l'année précédente, l'impuissance de Maximilien à remplir ses engagements, à se soutenir par ses propres forces, avait été reconnue dans les conseils du Gouvernement français. M. Drouyn de Lhuys constate que le traité de Miramar est aboli de fait, par l'impossibilité évidente où est déjà Maximilien de l'exécuter, et il ajoute : « Les clauses » du contrat bilatéral qui nous liait au gouvernement mexicain ne de- » vant plus être exécutées par lui, nous sommes dégagés nous-mêmes » des obligations que nous avons contractées... A diverses reprises, » nous avons essayé de pourvoir aux embarras du Mexique en *facili-* » *tant des emprunts* qui ont mis à sa disposition des sommes impor- » tantes... Quant à demander à notre pays de nouveaux sacrifices pour » cet objet, comme je vous l'ai dit, l'opinion publique a prononcé avec » une irrécusable autorité que la limite des sacrifices était atteinte. »

Si ces dépêches avaient été rendues publiques, le 15 janvier, les banquiers n'auraient-ils pas été fondés à invoquer, comme réalisé, le cas de force majeure? Et le Gouvernement, au moment où il se déclarait ainsi dégagé envers le Mexique, aurait-il pu prétendre que les banquiers restaient engagés envers lui? Pouvait-il continuer à placer son titre de créance sur le Mexique, au moment où il se faisait une arme de l'inanité de ce titre pour retirer ses propres engagements, et où il achevait de le discréditer par ce retrait même? En un mot, reprendre à l'empire mexicain nos soldats, et lui refuser de l'argent en même temps qu'on signale son impuissance à entretenir une armée et à payer ses dettes, n'était-ce pas le vouer à une destruction certaine?

Le syndicat des banquiers, comme le public, manquait d'informations sur l'état réel des choses. Dans l'attente des mesures annoncées pour la sauvegarde des intérêts engagés dans les emprunts, il accumulait entre ses mains le stock des obligations qu'il payait chaque mois au Trésor. Cependant, les mauvais présages se multipliaient. M. le maréchal Forey déclarait au Sénat qu'il fallait, pour sauver le Mexique, y laisser nos troupes pendant une génération. Le *Moniteur* du 5 avril apprenait au public que M. le baron Saillard était de retour du Mexique après avoir rempli la mission dont il avait été chargé, et, à quelques jours delà, on annonçait officiellement qu'un arrangement amiable était intervenu entre le Gouvernement français et le Gouvernement des Etats-Unis pour l'évacuation des troupes françaises, par tiers, en 1866 et 1867.

Vers le même temps, la commission du budget révélait au public les embarras financiers de l'empire mexicain, en réduisant spontanément la créance annuelle du Trésor sur le Mexique de 25 millions à 7 millions et demi, somme dont le recouvrement paraissait déjà douteux, et qui, en effet, ne fut pas payée.

La confiance, ou si l'on veut l'illusion, n'était plus possible. Il devenait évident pour tout le monde que le gouvernement de Maximilien, abandonné militairement et financièrement par le Gouvernement français, était à bout de ressources. Enfin, ceci était grave et décisif, le syndicat savait qu'il ne restait rien ou à peu près rien à Paris du produit des emprunts au moyen desquels les paiements de toute nature avaient été effectués jusqu'alors, et que probablement le prochain coupon ne pourrait être acquitté. Cela soulevait une question de probité, et le syndicat que j'ai l'honneur de représenter, en fut plus ému que des pertes déjà subies et de celles dont il était encore menacé.

Le 7 mai 1866, dans une réunion générale des personnes intéressées dans le traité du 28 septembre 1865, il fut décidé qu'il n'était plus possible de continuer à répandre dans le public une valeur aussi douteuse, et que le syndicat, par respect pour le Trésor public dont il tenait cette valeur, et pour les noms financiers qu'il réunissait, devait arrêter immédiatement ses opérations. A partir de ce jour, je le prouverai, s'il le faut, en produisant la comptabilité de la Compagnie, le syndicat n'a plus vendu une seule des obligations qui étaient accumulées en si grand nombre dans son portefeuille.

En vertu de cette délibération du syndicat, j'adressai, à la date du 9 mai, une lettre à M. le Ministre des finances, où je lui demandai d'ajourner, sous la réserve des droits respectifs des parties, l'exécution du traité du 28 septembre *jusqu'à ce que les circonstances eussent replacé les titres vendus par le Trésor dans les conditions qui avaient déterminé les banquiers à les acquérir*. Cette lettre du 9 mai resta sans réponse jusqu'au 16 juillet, où je fus invité à effectuer les paiements en retard. Mais à cette époque, la ruine irrémédiable de l'empire mexicain et son abandon par le Gouvernement français étaient de notoriété publique, et dès lors je n'hésitai plus à adresser le 4 août à M. le Ministre des finances une nouvelle lettre où j'invoquai, à l'appui de la rupture du contrat, non-seulement les cas de force majeure prévus par le traité, mais encore le cas de résiliation dont on n'avait pu, lors du contrat, ni exprimer, ni même prévoir l'éventualité, c'est-à-dire la force majeure résultant de l'abandon du nouvel empire par la puissance militaire et financière de la France.

Cette notification resta pendant une année sans réponse directe.

Le syndicat des banquiers dut voir dans ce long silence du Gouvernement, dans la cessation tacitement consentie des livraisons et des paiements mensuels, une reconnaissance implicite de ses droits, et cette interprétation s'est trouvée en effet confirmée par la réponse faite au nom du Gouvernement, dans la séance du 21 juin, à la première interpellation de M. Berryer. Je copie, dans le *Moniteur* du 22 juin 1867, l'importante déclaration de M. Rouher :

« La question de savoir s'il y avait réellement force majeure, a dit
» M. Rouher, a été examinée avec le plus grand soin par le Gouverne-
» ment. Il a examiné la lettre du contrat, les circonstances et les causes
» politiques qui l'avaient déterminé à retirer ses troupes et à fixer offi-
» ciellement et solennellement l'époque de ce retrait, et, d'autre part, les
» événements qui s'accomplissaient au Mexique l'ont déterminé à penser
» qu'il n'était pas possible d'exiger des souscripteurs du contrat du 28
» septembre 1865 l'exécution de leurs engagements, parce qu'ils étaient
» en face d'un fait qui avait les proportions d'une véritable force majeure
» et qui se traduisait par le discrédit complet des valeurs aliénées en sep-

» tembre 1865.» La même question, déférée plus tard aux diverses commissions du budget à qui les pièces ont été soumises, paraît avoir été résolue dans le même sens, puisqu'elle n'a donné lieu de leur part à aucune réclamation.

Bref, un silence d'une année après une déclaration telle que la nôtre nous paraissait un acquiescement à notre demande, et nous avions le droit de considérer le traité du 28 septembre comme résilié, du commun accord des parties, lorsque l'incident parlementaire dont M. Berryer a pris l'initiative est venu, à notre grand étonnement, jeter un doute dans les esprits.

L'honorable M. Berryer conteste la force majeure! L'éloquent orateur qui niait, en avril 1864, la vitalité de l'empire mexicain, ne veut plus croire que cet empire était ruiné de fait en mai 1866!

Aujourd'hui que les faits sont mieux connus, et que les preuves abondent, est-il, en vérité, nécessaire de démontrer que les causes qui ont entraîné la chute du nouvel empire remontent bien au delà de mai 1866, et qu'elles préexistaient même en partie au contrat du 28 septembre ?

N'est-il pas en effet constaté par le sombre exposé de la situation du Mexique tracé, le 29 juin 1865, par Maximilien lui-même, que déjà à cette époque le Trésor public était ruiné et que la position militaire de l'empire, menacé de tous côtés par l'ennemi, était des plus mauvaises?

Ne sait-on pas aussi, par les documens diplomatiques, qui ont été publiés, que, dès le mois d'octobre de la même année, les États-Unis, irrités et inquiets du voisinage d'une Monarchie, réclamaient, avec une insistance de jour en jour plus impérieuse, l'évacuation du Mexique par les troupes françaises ?

Tous ces faits, qui devaient fatalement aboutir au renversement de Maximilien, ne caractérisaient-ils pas les deux cas de force majeure prévus dans le contrat, la révolution et la guerre ?

N'est-il pas certain que, si les banquiers les eussent connus, ou même soupçonnés à l'époque du traité, ils ne se seraient pas engagés ?

Est-il d'ailleurs possible de méconnaître que les dépêches de M. Drouin de Lhuys, des 14 et 15 janvier 1866, n'aient été pour l'empire mexicain un véritable arrêt de mort?

Le retrait des troupes, avant l'entier établissement du nouvel Empire, cette éventualité, que les parties n'avaient pu prévoir, ni même supposer, parce qu'elle était exclusive du traité, ne constituait-elle pas une force majeure, plus irrésistible dans ses effets, que celle prévue au contrat, puisqu'elle a dominé la volonté du Gouvernement, et qu'en supprimant toutes les garanties essentielles, sur lesquelles reposait la sécurité de la créance vendue, elle a renversé les bases du contrat, et détruit le contrat lui-même dans son entier?

Enfin, n'est-il pas constant que le Gouvernement a reconnu l'existence de la force majeure? Ne l'a-t-on pas vu tenir compte des événements, au fur et à mesure qu'ils étaient connus, accepter successivement la prorogation, la suspension des paiements, puis la rupture définitive du traité, et déclarer enfin devant la Chambre qu'en présence des faits accomplis, il ne pouvait plus poursuivre l'exécution du contrat?

Et n'est-ce pas vraiment lui faire injure que de lui reprocher de n'avoir pas, en mai 1866, contraint les banquiers, qui avaient acheté de bonne foi une valeur loyale et sérieuse, à prendre livraison, pour les répandre dans le public, de titres de créance dont la rente ne devait plus être payée, et dont le discrédit absolu était le résultat de son propre fait ?

On s'est appliqué à présenter le contrat du 28 septembre comme ayant été pour les banquiers une source de bénéfices, et on a d'ailleurs insinué que les pertes, s'il y en avait, seraient une expiation naturelle des bénéfices considérables réalisés dans la première opération.

Je répondrai d'abord sur ce point que la compagnie, qui s'est chargée, en avril 1865, de la souscription aux obligations de la première série, est distincte de celle qui a acheté, en septembre, les obligations mexicaines de la deuxième série, appartenant au Trésor; que la première a traité avec la Commission des finances du Mexique, et la seconde, dont je suis mandataire, avec le Gouvernement français, représenté par le Ministre des finances ; qu'il n'existe donc entre elles aucune solidarité.

J'ajouterai que, si l'opération d'avril, favorisée par des circonstances exceptionnelles, a donné lieu à des bénéfices, dont l'importance néanmoins a été loin d'atteindre les chiffres fort exagérés qu'on a cités dans le public, celle du 28 septembre, au contraire, n'a occasionné que des pertes.

Qu'on n'oublie pas, en effet, que la vente des obligations provenant de la conversion des rentes mexicaines du Trésor a été faite au prix de 300 francs. Or, depuis le mois d'avril jusqu'au mois d'octobre 1865, le cours de la rente mexicaine avait varié entre 44 1/2 et 53 1/2, moyenne : 49 francs. Achetée à ce cours, une rente mexicaine de 75 fr. 60 c. donnait droit à deux obligations de la deuxième série, qui ressortaient chacune à 308 fr. 80 c. C'était là, au 28 septembre, jour du traité, le prix vrai de l'obligation provenant de la conversion, et, par conséquent, celui des titres que vendait le Trésor. La différence entre ce prix et celui d'achat, représentant le bénéfice éventuel réservé aux banquiers, était donc seulement de 8 fr. 60, sur lesquels devaient être prélevés les commissions et les frais de placement.

Malgré cela, M. Berryer suppose que les banquiers ont fait une affaire d'or, parce qu'ils ont pu vendre à 330 francs des titres qu'ils achetaient à 300 francs. On ne peut que féliciter l'illustre orateur d'être assez étranger aux négociations de la Bourse, pour ignorer que les prix cotés au Bulletin officiel ne sont pas toujours des prix de vente, surtout pour des valeurs aussi lourdes que l'étaient déjà, à la fin de 1865, les obligations mexicaines, et que si les banquiers avaient vendu chaque mois le lot qu'ils retiraient du Trésor, ils auraient écrasé les cours, dégradé complétement le marché, et rendu impossible toute vente ultérieure. Personne, en vérité, ne pourra croire que, si les cours eussent conservé, pendant plusieurs mois, la fermeté que la cote annonçait, les banquiers eussent été assez peu soucieux de leurs intérêts, pour ne pas vendre, même avec un bénéfice de beaucoup inférieur à 30 francs, non-seulement les obligations qu'ils avaient en portefeuille, mais encore toutes celles qui restaient entre les mains du Trésor, et dont ils avaient la faculté de prendre immédiatement livraison, contre le versement anticipé des termes à échoir.

Dans un mouvement d'équité qui lui fait honneur, M. Berryer a appelé l'attention du Gouvernement sur le sort des détenteurs d'obligations, et M. Rouher lui a répondu de manière à faire espérer qu'une mesure réparatrice sera proposée en leur faveur dans la session qui vient de s'ouvrir. Eh bien ! lors même que cette mesure, si vivement réclamée par l'opinion publique, serait définitivement adoptée, il est probable que les contractants de septembre auront encore à subir une perte considérable. Voilà l'exacte vérité.

En résumé : il ressort jusqu'à la dernière évidence des faits douloureux qui se sont accomplis au Mexique, qu'il y a eu force majeure :

1° La double force majeure, expressément prévue dans le traité ; *la révolution* qui a fait obstacle à l'établissement de l'Empire, et *la guerre*, qui s'est manifestée par le véto impérieux des États-Unis plus qu'équivalent à une guerre effective ;

2° La force majeure résultant de l'abandon prématuré du Mexique par la puissance financière et militaire de la France, et dont le caractère est d'autant plus décisif qu'elle émane du Gouvernement qui avait signé le traité.

Cette force majeure et la résiliation du contrat qu'en droit, comme en équité, elle devait inévitablement entraîner, ont été notifiées par le syndicat au Gouvernement qui les a reconnues, d'abord par son silence, en ne poursuivant pas pendant plus d'une année l'exécution du traité ; puis par ses actes, en écartant de l'actif du budget extraordinaire de 1868 le solde du prix des obligations restées dans le portefeuille du Trésor ; enfin par des déclarations expresses et solennelles faites spontanément et à deux reprises par M. le Ministre d'État devant le Corps législatif dans les séances des 21 juin et 23 juillet derniers.

En vous adressant cette lettre, au nom des maisons de Banque que je représente, je n'ai pas eu seulement pour but, Messieurs les Députés, de répondre aux interprétations erronées et injustes auxquelles a donné lieu, de la part de l'honorable M. Berryer, le traité du 28 septembre ; j'ai voulu encore rétablir nettement devant vous le caractère loyal de cette convention et vous démontrer surtout que, du côté des banquiers, elle a été exécutée avec une probité scrupuleuse, poussée jusqu'à l'abnégation de leurs intérêts.

On a parlé de procès : le syndicat attend avec calme la résolution que croira devoir prendre à cet égard le Gouvernement. Nous aurions en effet de légitimes revendications à exercer. Mais je m'arrêterai là... Qu'il me soit cependant permis de rappeler, en terminant, que M. Fould, le Ministre des finances qui a signé le traité, a maintes fois déclaré que non-seulement, à ses yeux, il n'y avait pas lieu d'en poursuivre l'exécution, mais encore qu'il regrettait d'avoir reçu les versements effectués par le syndicat depuis le mois de janvier 1866, époque à laquelle il avait connu le rappel des troupes ; mesure qu'il considérait, à juste titre, comme le renversement de l'empire mexicain et la destruction de notre contrat.

J'ai l'honneur d'être, Messieurs les Députés,

avec le plus profond respect,

Votre très-humble et très-obéissant serviteur,

A. PINARD.

IMPRIMERIE CENTRALE DES CHEMINS DE FER — A. CHAIX ET Cie RUE BERGÈRE, 20, A PARIS. — 11504

www.ingramcontent.com/pod-product-compliance
Lightning Source LLC
Chambersburg PA
CBHW060051090726
47597CB00012B/3593